O LAMA PREGUIÇOSO FALA SOBRE

Viver sem Medo e sem Cólera

RINGU TULKU RINPOCHE

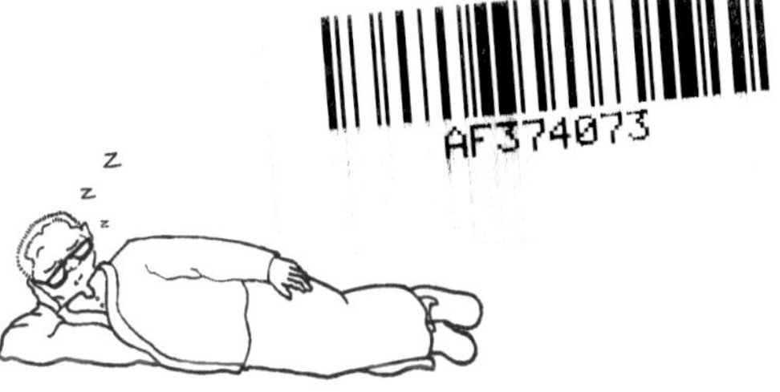

Número 5 da Coleção Lama Preguiçoso

Publicado pela primeira vez em 2005 por
Bodhicharya Publications
24 Chester Street, Oxford, OX4 1SN, United Kingdom.
email de publicacoes@bodhicharyaportugal.org

Depósito Legal: 443234/18
ISBN: 978-989-691-756-2

Edição portuguesa 2018

Transcrição inicial por Brigit Habetz.
Editado por Andy Powers 2005.

Paginação e Design por Paul O'Connor em www.judodesign.com
Judo Design, Irlanda.

Imagem da capa: ©Paul O'Connor
Ilustrações: Andy Powers
Logo do Lama Preguiçoso: Dr Conrad Harvey & Rebecca O'Connor

Prefácio do Editor da Versão Inglesa

Este é o quinto pequeno livro da série Lama Preguiçoso (Lazy Lama). É baseado numa palestra dada por Ringu Tulku Rinpoche, em Kagyu Benchen Ling, Freiburg, Alemanha, em 1998, a convite de Chime Rinpoché e seus discípulos.

Gostaríamos de agradecer a Ringu Tulku pela simples mas profunda sabedoria contida neste pequeno livro. Uma sabedoria profundamente desejada e muito necessária no mundo de hoje.

Andy Powers
2005

Viver sem Medo e sem cólera

As pessoas perguntam-me, frequentemente, como os Ensinamentos budistas as podem ajudar no dia-a-dia e, também, o que existe nos antigos ensinamentos de Buda que possa ser relevante no mundo moderno? Buda ensinou como encontrar a paz e a felicidade, apesar dos vários problemas que enfrentamos na vida e, em particular, como lidar com as emoções negativas. Nos ensinamentos budistas, essas emoções são, por vezes, descritas como venenos mentais por terem o poder de envenenar a nossa atitude perante a vida. Como podemos impedir que isto aconteça?

Neste pequeno livro falarei das formas de aprendermos a lidar com os dois venenos mentais mais destrutivos, e que estão intimamente ligados: o medo e a cólera. Para começar, observemos a cólera e vejamos o que fazer quando nos zangamos.

Lutando contra a injustiça e a raiva

Muitas pessoas acreditam que a cólera não é sempre negativa e que, em certas circunstâncias, é bom estar zangado. Ao longo dos anos, tive muitos debates com pessoas que afirmam que, sem cólera, não teriam energia para lutar contra a injustiça e, por vezes, é muito difícil argumentar que este ponto de vista está totalmente errado. Contudo, na perspetiva budista, estar irado nunca é positivo, porque quando somos tomados pela cólera perdemos o controlo e a capacidade de tomar decisões corretas. Além disto, a maioria das vezes, a cólera faz-nos mal. Estar irado não é uma experiência agradável: ninguém gosta de estar zangado. Ninguém diz: "Oh, esta manhã passei um bom bocado - estava tão irritado!"

Quando estamos encolerizados sofremos. É evidente que a pessoa com quem estamos furiosos também não está a passar bem e ela é, por vezes, a razão principal da nossa raiva: queremos que ela se sinta tão desconfortável quanto possível. Todavia, não é só essa pessoa que sofre. Nós, e todos os que nos rodeiam, somos também afetados. Não é nada agradável estar próximo de quem está muito enraivecido. Toda a área envolvente parece estar carregada de energia negativa. O que faz com que, nós e todos os que nos cercam, nos sintamos muito mal. Logo, a cólera não pode ser uma coisa boa.

Mas, o que fazer quando nos enfurecemos com o que vemos, ouvimos ou lemos sobre os terríveis acontecimentos no mundo? Não devemos sentir raiva, então? Nessas circunstâncias, devemos questionar-nos se a raiva, realmente, ajudará. Se queremos fazer algo de bom, quando vemos algo errado ou injusto, é melhor não reagir com cólera. Quando nos zangamos, a nossa mente não funciona com razoabilidade ou com lógica porque os pensamentos estão a ser dominados por uma emoção intensa. Como não estamos a pensar razoada e logicamente, é fácil fomentar ainda mais ódio e mais raiva do que aqueles que, inicialmente, causaram a injustiça. Assim, perante a injustiça, a raiva é inútil. Haverá outra forma de reagir?

Os ensinamentos budistas afirmam que, em toda situação em que é possível reagir com raiva, também é possível responder com compaixão. Quando acontece algo que não é bom, nem bonito, nem justo podemos sentir raiva ou sentir compaixão. Como é que a compaixão e a raiva podem surgir da mesma situação? Sentimos raiva quando a nossa mente está focada apenas em culpar um indivíduo ou um grupo de pessoas, acusando-os de uma determinada situação. "Esta pessoa é muito má! A culpa é dela!". Porém, quando nos concentramos na situação em si e nas suas causas, então a compaixão surge porque já não estamos apenas a atacar alguém, mas a tentar resolver o problema. Se pensarmos naquilo que pode ser feito, em vez de procurarmos o culpado, estamos concentrados em tentar melhorar as coisas e não, apenas, em agredir alguém.

A energia gerada pela resposta compassiva a situações difíceis é mais duradoira do que a criada pela raiva. A cólera cresce como uma chama e queima como o fogo. Na verdade, quando a chama da cólera arde dentro de nós, a energia que sentimos pode levar-nos a cometer toda a espécie de atos. Contudo, muito do que fizermos, neste estado de espírito, poderá piorar a situação que, já de si, é má. Ao inverso, se as nossas ações forem inspiradas pela compaixão, a nossa energia manter-se-á mais tempo, até que a situação seja corrigida. Por isso, é muito mais útil, para nós, lutarmos contra a injustiça com compaixão do que com cólera.

A cólera é inútil

Julgo essencial entendermos, profundamente, que é completamente inútil sentir raiva, guardar dentro de nós rancor, ódio e maus sentimentos. Não é bom nem para nós nem para mais ninguém. É fundamental que, realmente, tenhamos isto em consideração desde o primeiro instante em que começamos a trabalhar as nossas emoções.

Em primeiro lugar, por que nos zangamos? Ficamos com raiva porque alguém nos fez algo de desagradável. Isto é um pouco irónico, porque, como já referi, encolerizar-se está longe de ser agradável. Portanto, quando nos zangamos, trabalhamos para o inimigo: ajudamo-lo a magoar-nos. Não nos sentimos mais felizes quando estamos enraivecidos; sentimo-nos infelizes e tensos. Por conseguinte, não devemos adoptar a perspetiva do outro: "Não vou zangar-me porque isso é mau para esta pessoa." O importante é que não me vou zangar, guardar rancor, ou sentir ódio porque não é bom para mim. Não é bom para os outros, mas em primeiro lugar e, acima de tudo, não é bom para mim. Não é garantido que a nossa raiva magoe a pessoa com quem estamos zangados. Talvez a magoe, ou talvez não. Mas é absolutamente certo que nos vai magoar a nós. Enquanto estamos enraivecidos sofremos. Aprender a desapegar-nos do ódio e da raiva é, pois, uma forma de derrotar o nosso inimigo. Quando encaramos isto nesta perspetiva, é muito mais fácil trabalharmos a raiva.

A compaixão é leve

Por vezes, falo com pessoas que me contam que se desgastam ao tentarem ser compassivas e simpáticas. Dizem-me: "Tentei ser paciente e compassivo, mas já não aguento mais!". Sentem-se mal e ficam arrasadas porque se sentem incapazes de ser o tipo de pessoa que consideram que deveriam ser. Isto resulta de um equívoco sobre o que é a compaixão. Quando tentamos trabalhar a raiva e ser mais compassivos, não significa que estejamos a fazer um favor a alguém. Fazemos isso para nosso próprio bem porque não queremos sofrer e a cólera faz-nos sofrer. É tão simples quanto isso! Quando não entendemos isto, podemos associar a tentativa de ser compassivo com a sensação de desgaste, porém, a compaixão é, de facto, uma emoção muito leve e alegre. Por oposição, estar com raiva, sem dúvida alguma, arrasa-nos, porque está sempre relacionada com algo desagradável. Quando guardamos dentro de nós uma experiência que é desagradável, muito naturalmente, ela causa-nos sofrimento. A compaixão não é nada disto. A compaixão é uma atitude de benevolência. É apenas desejar o bem. Não se trata, necessariamente, de ter a responsabilidade de ajudar a todos; não se pode ajudar toda a gente. Ninguém consegue ajudar toda a gente, mas podemos desejar bem a todos e, se tivermos uma oportunidade de fazer alguma coisa de bom, então, ainda melhor.

Talvez, aqui, valha a pena ressaltar que ser compassivo – ter pensamentos benevolentes para com os outros – não implica gostarmos de toda a gente. Não precisamos de gostar de todos para lhes desejar bem. No mundo, há pessoas boas e outras não tão boas, pessoas com quem gostamos de estar e outras com quem preferíamos não passar o tempo. Mas, por que havemos de ter maus sentimentos em relação a alguém? Se não gostamos de alguém, podemos evitar essa pessoa ou tentar ao máximo apenas darmo-nos bem com ela. Não há necessidade de lhe desejar mal. Se o fizermos, envenenaremos a nossa alegria de viver.

Algumas pessoas dizem-me que se sentem incapazes de expressar os seus verdadeiros sentimentos porque foram educadas a ser "agradáveis" e, agora, acham que têm de reprimir toda a sua cólera. Dizem-me: "Os meus pais fizeram de mim uma pessoa agradável e compassiva, por isso, não consigo expressar-me autenticamente." Mas o que estamos a tentar fazer não é reprimir os sentimentos porque, quando o fazemos, continuamos zangados, simplesmente, não o demonstramos. Quando os ensinamentos referem: "Não se zangue", não significa que empurremos a raiva para o fundo de nós e que, depois, preguemos um sorriso na cara. Isso não é bom para ninguém. Os ensinamentos falam sobre não nos zangarmos de todo e não sobre, meramente, escondermos a raiva.

Se, de tempos a tempos, nos zangarmos, ficarmos um pouco em cólera e perdermos a calma, na verdade, não é um problema grave e não devemos sentir-nos demasiado mal connosco por causa disso. Certos indivíduos parecem ter, naturalmente, um temperamento mais impetuoso. Julgo que é aceitável, que não é um problema, que é a maneira de ser de algumas pessoas. Passado certo tempo, as pessoas conseguem perceber melhor como são, logo, isso não é assim tão grave; elas não causam muito mal aos outros nem a si próprias. Claro que, se a toda a hora perdemos a paciência, estamos, constantemente, a fazer e a dizer coisas que, mais tarde, lamentamos. Contudo, o essencial a reter é que não devemos agarrar-nos à nossa raiva.

Quando começamos a guardar rancor - quando não nos desprendemos da cólera – isso sim, torna-se um problema. Quanto mais raiva guardarmos dentro de nós, mais pesados nos sentiremos. Ao inverso, quanto mais aprendermos a desapegar-nos, genuinamente, da raiva, mais leves nos sentiremos.

Quando percebemos claramente que

sentir cólera e manter a raiva e o ódio dentro de nós, é totalmente inútil – não nos beneficia, nem beneficia ninguém –, podemos começar a trabalhá-la. Se não compreendemos isto, trabalhar a cólera parece-se mais com "não estarmos autorizados" a sentir raiva e podemos pensar: "Sou budista, logo, não posso sentir raiva." Esta atitude é incorreta, porque, se não puder zangar-me, à primeira vez que me acontecer algo que me causa raiva – talvez, quando alguém não for muito simpático comigo ou me ignorar – penso: "Bem, ele é desagradável, mas eu sou budista! Não posso sentir raiva. Tenho de perdoá-lo." À segunda vez que ele faz algo que eu não gosto, penso: "Ele é mesmo intragável! Mas eu sou budista!!! Não posso zangar-me!" Então, à terceira vez, estou saturado: "Budista uma ova, estou mesmo furioso!!!".

Não é por ser budista ou cristão que não devo zangar-me. É, simplesmente, porque estar enraivecido não faz bem a ninguém. Especialmente, guardar raiva dentro de nós torna-se um sofrimento para os outros e para nós. É desnecessário. É completamente inútil. Não é benéfico de maneira alguma. É um mau hábito e, como qualquer mau hábito, devemos trabalhá-lo lentamente, com a noção de que nos prejudica. Quando assim fazemos, esse mau hábito, gradualmente, esbate-se e, por fim, substituímo-lo por um modo mais positivo de lidar com qualquer situação que surja.

Ressentimento e ódio

A principal razão de guardarmos a raiva e o ressentimento dentro de nós é a mágoa. Quando nos sentimos magoados, sentimos raiva e ressentimento. Quando alguém nos faz mal, sentimo-nos magoados, especialmente se for alguém de quem gostamos. Quando isso acontece, sentimo-nos extremamente magoados e, se guardarmos essa mágoa, ela acaba por transformar-se em ódio. É mesmo necessário trabalhar nisto.

Devemos reconhecer que não é assim tão raro as pessoas agirem incorretamente. A maioria das pessoas, incluindo nós, está sob a influência de emoções negativas, sejam a raiva, a cobiça, ou qualquer outra. Por isso, se nos magoam, não é assim tão surpreendente ou tão incomum. Quando as pessoas estão sob a influência de emoções negativas fazem coisas disparatadas. Quando estão dominadas por essas emoções, podem até fazer mal a si próprias, deliberadamente. Se alguém está num estado de espírito em que se magoa voluntariamente, magoar os outros não lhe parecerá nada de especial. Quando alguém nos diz ou faz algo totalmente negativo, significa que está mal e num estado mental de profunda infelicidade. Admitindo que nos fizeram alguma coisa, nos magoaram ou, até, nos fizeram algo terrível, quanto mais guardarmos a mágoa e a raiva, pior é para nós. Se conseguirmos treinar-nos a encarar essas situações nesta perspetiva, aí poderemos, finalmente, dizer: "Muito bem, aquilo que aquela pessoa me fez não foi bonito. Foi muito doloroso, mas já acabou e, agora, quero abrir mão dessa mágoa. Não quero agarrar-me mais a ela. Não quero guardá-la mais dentro de mim." Nestas circunstâncias, devemos agir do mesmo modo como quando não queremos agarrar-nos às coisas negativas que nos aconteceram nos sonhos. Às vezes, temos pesadelos, contudo, de manhã não nos sentimos assim tão mal e depressa nos livramos da emoção porque sabemos que foi apenas um sonho, ainda que nos parecesse muito real quando sonhávamos. O passado é um pouco como um sonho – já passou, não volta, só existe na nossa memória. Penso que devíamos lidar com os tempos difíceis como se fossem sonhos. Magoaram-nos, foram maus, causaram-nos dor, porém como já não podemos mudar o que quer que tenha acontecido, não queremos ficar apegados àquele sentimento de dor, porque ele magoar-nos-á ainda mais. Quanto mais rápido nos desapegarmos da dor, melhor. Claro que nos lembramos mas não precisamos de guardar o ódio. Eu acredito que é possível. É absolutamente possível e este é o treino da prática budista.

No Tibete, quando os chineses nos perseguiram, tivemos inúmeros pesadelos. Mas, não penso que devamos odiar os chineses porque as pessoas que nos atacaram não eram livres. De certo modo, ninguém é livre porque, até um certo ponto, todos somos prisioneiros das nossas emoções negativas. Assim sendo, embora a recordação se mantenha, conseguimos ter paz na nossa mente porque os nosso coração está livre de ódio.

Enfrentando os medos

A raiva e o ódio estão muito relacionados com o medo. Na verdade, acredito que o medo é a base de todas as emoções negativas. Lidar com o medo não é fácil. Certas pessoas pensam: "Sou muito forte. Não tenho medo de nada. Eu faço Bungee Jumping!". Mas, o medo fundamental é subtil e está muito enraizado. Toda a espécie de emoção negativa assenta neste medo. Há muitas meditações e práticas diferentes para nos ajudar a lidar com os medos mas, o essencial, é aprendermos a enfrentá-los, procurarmos olhar o medo olhos nos olhos. Não é uma coisa fácil de fazer, tal como não é fácil largar a raiva. Contudo, pouco a pouco, através do estudo, da reflexão e da meditação, podemos trabalhar as nossas emoções negativas e, por fim, vermo-nos livres delas. Podemos libertar-nos da raiva e do medo e sermos, ver-dadeiramente, felizes e contentes. Há que desenvolver a confiança em nós próprios e acreditar que conseguimos fazê-lo.

No famoso Ensinamento budista, o Bodhicharyavatara, é dito:

*Não há razão para ficares descontente com
o que podes mudar.
Não serve de nada ficares descontente com
o que não podes mudar.*

Penso que esta estrofe é crucial. Temos de ser capazes de olhar para o problema e dizer: "O que posso fazer? Posso fazer alguma coisa para melhorar isto?" Se pudermos melhorar as coisas – aliviar a dor e sofrimento – muito bem. Façamo-lo. Não é preciso ficarmos zangados, entrarmos em pânico ou ficarmos preocupados. Se não pudermos fazer nada para melhorar uma má situação, não serve de nada ficar furioso, entrar em pânico ou ficar preocupado! Tudo o que podemos fazer é prepararmo-nos para o pior.

O que de pior nos pode acontecer? Quando nos interrogamos assim, a maioria das vezes, verificamos que o pior não é assim tão mau. Frequentemente, tornamos as coisas mais dramáticas dentro da nossa cabeça do que elas realmente são. A nossa imaginação é muito poderosa. Se queremos tornar algo bonito, tornamo-lo muito mais bonito do que na realidade é. Se queremos tornar algo horrível, fazemos com que se torne muito, muito mais terrível do que, de facto, é. Mas, se conseguirmos

olhar para as coisas de modo realista, na maioria das vezes, elas não são assim tão más. Mesmo que o pior realmente aconteça, e talvez morramos - todos morreremos um dia, mais tarde ou mais cedo. Por isso, se tiver que ser agora, então que seja. Há um ditado que diz: O homem corajoso morre uma vez mas o cobarde morre cem vezes. É inútil entrar em pânico! É um desperdício de vida! Quando estamos preparados para o pior, temos menos medo, somos menos facilmente magoados. Se nos sentimos menos feridos, guardamos menos raiva e ressentimento.

Exercitando o entendimento

A compreensão do que é a raiva e o medo é essencial. Porém, o mero entendimento não é suficiente. Às vezes, as pessoas julgam que compreender de forma intelectual é suficiente, mas não é verdade. Um entendimento teórico não nos ajuda quando enfrentamos um problema real. A compreensão intelectual não muda a nossa vida, não modifica a nossa experiência. Precisamos de mudar a experiência, mudar os hábitos e o condicionamento, exercitando a compreensão: relembrando-a uma e outra vez, e tentando aplicá-la na nossa vida diária. No início, não conseguimos lidar com os problemas maiores mas somos capazes de usar o nosso entendimento nos pequenos problemas. Se aprendermos a aplicar a nossa compreensão a coisas muito pequenas, então, quando alguém nos diz algo que nos magoa, lembramo-nos do que já compreendemos e dizemos: "Ele hoje não está bem. Talvez esta manhã tenha tido uma discussão com a mulher ou algo parecido. Ele está um pouco fora de si." Assim, não levamos as coisas tão a peito nem nos agarramos ao problema. Quando estivermos habituados a este tipo de situações, gradualmente mas de forma segura, começamos a lidar com os problemas maiores da vida. A prática budista consiste nisto: relembrar, uma e outra vez, que as emoções como o ódio e o medo são inúteis e atentar plenamente no modo como reagimos às situações.

Por vezes, só precisamos de um pouco de atenção plena porque, quando já compreendemos algo, basta um pouco de atenção para que fique presente.

Meditação

A meditação é uma forma de mergulharmos em nós e permitir-nos alcançar um nível mais subtil de entendimento. Temos de nos familiarizar com a compreensão das emoções, até ela estar integrada em nós. A viagem da cabeça para o coração é, por vezes, descrita como a jornada mais longa. Primeiramente, precisamos de acalmar a mente; para isso começamos por nos sentar e ficar um pouco mais tranquilos, relaxados e em paz. Assim, é essencial que, antes de começarmos a meditar, escolhamos uma ocasião em que não sejamos perturbados, mesmo que só por cinco minutos.

Sentarmo-nos corretamente é uma forma de nos libertarmos da tensão. Se conseguirmos sentar-nos na posição de lótus tradicional é muito bom, embora isso não seja absolutamente necessário. O fundamental é estar confortável, com as costas direitas e o corpo sem se inclinar para os lados, ou para a frente ou para trás.

Verificamos se existe alguma tensão no corpo e no rosto. O rosto deve estar relaxado, os dentes não devem estar cerrados nem a ranger, os lábios ligeiramente abertos e relaxados. Os olhos entreabertos ou fechados sem crispação. A postura relaxada e equilibrada é o ponto de partida. Sentamo-nos assim algum tempo, e desfrutamos dessa sensação de relaxamento, sem fazer nada mais do que gozar o momento.

Agora, observemos a mente. Seria excelente se pudéssemos relaxar a mente tão facilmente como fazemos com o corpo mas, normalmente, não é tão simples. Nos ensinamentos budistas, a mente é, frequentemente, descrita como sendo um macaco que salta de galho em galho. No início, quando nos sentamos quietos para meditar, parece que a mente é ainda mais semelhante ao macaco do que habitualmente. Isto é apenas porque estamos mais atentos à mente e conscientes do quanto ela salta, de um problema para outro ou de uma fantasia para outra. Parece que não conseguimos parar a mente: quanto mais tentamos controlá-la, mais ela corre por aí, descontrolada. Tudo o que podemos fazer é deixar que os pensamentos e as emoções vão e venham. Isto é a chave da meditação. Não fazer nada com os nossos pensamentos. Permitir que eles surjam e se vão: deixá-los acontecer sem nos envolvermos neles nem julgarmos se um é bom e o outro é mau. Por vezes, isto é comparado a um avô que vê crianças a brincar, num jardim. Este idoso diverte-se a observar as peripécias que vão acontecendo, porém não se intromete porque são apenas crianças a brincar. Durante a meditação, os pensamentos vão e vêm, as emoções vão e vêm, todavia, nós não reagimos, não fazemos nada, apenas relaxamos e deixamos fluir.

Quando começamos a meditar, isto é tudo o que devemos fazer. Depois de um tempo, apercebemo-nos que, deixando unicamente fluir, as emoções e os pensamentos apenas vão e vêm e já não nos dominam. Assim que assimilamos isto, estamos confiantes no controlo efetivo das nossas emoções porque elas já não nos controlam.

Através da meditação, a nossa mente torna-se, lentamente, cada vez mais espaçosa e focada, e zangamo-nos com menos frequência. Assim, quando nos enfurecemos, estamos conscientes de que não devemos agarrar-nos à raiva. Não há razão de nos apegarmos a tais coisas. Os nossos pensamentos e emoções, sejam eles bons ou maus, vão e vêm, pois, na verdade, são fugazes. Isto é a compreensão com atenção plena.

Discussão

Pergunta: Quando me zango, é como se a raiva me controlasse e já fosse demasiado tarde para agir sobre ela. Há alguma forma de me treinar para reconhecer os indicadores da raiva, de modo a lidar com ela antes que ela surja e se torne, realmente, excessiva?

Rinpoche: Precisamos de nos exercitar a estar vigilantes e conscientes. Como disse anteriormente, a raiva está sempre associada a algo desagradável. Por conseguinte, quando nos acontece algo realmente desagradável, é fácil de prever que nos vamos zangar. Nesse momento, lembrarmo-nos que a cólera é inútil pode ajudar-nos. Contudo, passado este ponto, quando já sentimos a raiva a subir dentro de nós e temos vontade de fazer algo que sabemos não ser bom, então, o melhor é agir como aconselhou o santo indiano Shantideva: "Fica como um tronco": Não dizemos nada, não fazemos nada e não reagimos. A maioria das vezes, quando não reagimos de imediato – se atrasarmos a reação mesmo que só por alguns segundos –, reagimos de outra forma: não dizemos o que íamos dizer; não fazemos aquilo que íamos fazer. Se sentimos vontade de quebrar uma chávena, dizemos: "Está bem, eu quebro a chávena, mas daqui a trinta segundos." Depois, aguardamos trinta segundos e verificamos se continuamos a querer quebrá-la. Talvez já não queiramos quebrá-la – no fim de contas, teríamos de comprar outra! Penso que protelar os nossos atos é uma forma muito prática de lidar com a raiva. Se não reagirmos logo, a energia da cólera diminui um pouco, o bastante para nos permitir refletir sobre as nossas ações.

Se for um bom praticante de meditação, em lugar de fazer esta abordagem, pode aprender a transformar a cólera. Frequentemente, recomenda-se que quando a raiva surge, a encaremos e relaxemos. Se observarmos a verdadeira natureza desta raiva – que, na verdade, não existe nela nada a que nos apegarmos ou com que nos envolvermos -, podemos transformá-la em sabedoria. Em lugar de seguirmos o fluxo dos pensamentos, olhamos diretamente os nossos sentimentos e relaxamos neles. Não tentamos parar ou reprimir nada – apenas relaxamos dentro desse sentimento. Quando tivermos aprendido a fazer isto, este é um método muito eficaz para lidarmos com as emoções. Dominar esta técnica não significa que nunca mais sentiremos raiva, mas sim que seremos capazes de lidar com ela quando surgir. Todo o trabalho sobre as emoções tem que acontecer assim: só podemos trabalhar a raiva e o medo momento a momento. Porém, se soubermos lidar com a raiva neste instante, seremos capazes de lidar com ela no próximo. Após certo tempo, ganhamos confiança na nossa capacidade de lidar com estas emoções e, então, isto tornar-se-á um hábito.

A nossa personalidade é, basicamente, um conjunto de hábitos – alguns bons, outros não tão bons. Quando adquirimos o hábito de fazer algo, mesmo que por um curto período de tempo, é muito difícil modificá-lo. Um mau hábito, como fumar, é dificílimo de perder, mesmo que não sejamos fumadores de longa data. Perder maus hábitos que se enraizaram durante um longo período de tempo é muito mais difícil. Todavia, na perspetiva do Budismo, é possível. É, também, possível desenvolver hábitos positivos.

Nos ensinamentos budistas afirma-se que, dos três venenos mentais – a raiva, o apego e a ignorância –, a ignorância é o veneno de base. Quando conseguimos dissipar a ignorância – a incompreensão da natureza da realidade – então, todas as negatividades mentais desaparecem. Apesar disto, na maioria das vezes, a ignorância não nos prejudica diretamente. É muito bom trabalharmos para desenraizar a ignorância, mas precisamos de encarar isso como um projeto a longo prazo. Não vamos conseguir fazê-lo nem rápida nem facilmente.

O apego tem um lado bom e um mau. Nem sempre é negativo. Amiúde, o amor e a compaixão estão associados ao apego, logo há coisas boas que daí resultam. O aspeto negativo do apego é que, enquanto há apego, há aversão. Apego e aversão são duas faces da mesma moeda: quanto mais apego sentimos, mais medo temos. Assim sendo, reduzir habilmente o nosso apego é positivo. Infelizmente, não é fácil, porque esta forma de reagirmos está profundamente enraizada em nós, seres humanos. Novamente, trata-se de um projeto a longo prazo.

Contrariamente ao apego, a raiva é sempre totalmente negativa. Não há nada de bom nela. A raiva queima-nos a nós e aos outros, fere todos aqueles que toca. É o mais prejudicial de todos os venenos mentais. Porém, pela sua natureza semelhante ao fogo é, também, o mais fácil de ser trabalhado. Buda recomendou que a cólera fosse a primeira emoção a trabalharmos. Quando tivermos aprendido a domá-la, podemos focar-nos em problemas mais profundos.

Evidentemente, saber como transformar a raiva só nos beneficia se quisermos trabalhá-la. É por este motivo que necessitamos de refletir sobre a inutilidade da raiva. Devemos ter bem claro na nossa mente por que trabalhar a raiva é benéfico para nós. Só, então, começamos.

Pergunta: Rinpoche, vivo com dois amigos num apartamento. E o problema é ... que eles não limpam a casa de banho! Eu limpo a casa de banho três ou quatro vezes antes de lhes perguntar se a podiam limpar. E, quando lhes pergunto, eles respondem: "Nós já limpámos a casa de banho! E tu?!" Tenho receio de lhes pedir novamente, porque reagem muito mal. De qualquer modo, hoje de manhã tive uma ideia! Talvez, seja compassiva, não sei. Escrevi os nossos nomes numa folha de papel e disse: "Duas vezes por semana devemos limpar a casa de banho e devemos revezar-nos. Cada vez que um de nós limpar a casa de banho, escreve a data nesta folha e assina." O que acha?

Rinpoche: Boa ideia. Talvez resulte, talvez não. Se não resultar, terá que escolher entre viver com os seus amigos e uma casa de banho suja, ou mudar-se para outro lugar, com uma casa de banho limpa mas sem os seus amigos.

Pergunta: disse que devíamos perguntar-nos se conseguimos ou não fazer algo para melhorar uma situação. Mas, frequentemente, acho muito difícil avaliar isso. Às vezes, acho possível e não é e vice-versa. Haverá uma forma de avaliar se podemos fazer algo?

Rinpoche: Nunca temos completamente a certeza se podemos fazer algo para melhorar uma situação, mas se acharmos que há uma possibilidade, devemos sempre tentar. Se decidimos que há algo a fazer, não vale a pena preocuparmo-nos: apenas fazemos. Se concluirmos que não há nada a fazer, se já tentámos tudo, temos de aplicar a segunda fórmula: "Tentei, mas já não há mais nada que possa fazer, por isso é inútil preocupar-me com isto".

A maioria das vezes, podemos fazer alguma coisa porque qualquer que seja a situação em que nos encontremos, há sempre algo que não é inteiramente negativo. Se tivermos consciência disso e o aproveitarmos, é possível as coisas melhorarem e, aquilo que pensávamos ser uma situação desesperada começará a parecer um pouco mais favorável. Porém, é fundamental entender que a vida não é sempre um mar de rosas. Há sempre problemas. A vida são os problemas e como os resolver, não é? Se pensamos que, após termos resolvido um problema, viveremos felizes para sempre, estamos enganados. As coisas não são assim. Não é como se, depois dos nossos amigos limparem a casa de banho, todos os nossos problemas ficam resolvidos. Talvez a casa de banho fique limpa, mas outro problema surgirá. Por vezes, é melhor aceitar que a casa de banho não esteja assim tão limpa. Se pensarmos que, depois de resolvermos certo problema, tudo será perfeito, não estamos a ser realistas. Não vai ser tudo completamente perfeito, mas temos de aceitar. Temos de estar preparados para enfrentar problemas e compreender que a vida consiste em resolvê-los. Devemos aproveitar a vida enquanto lidamos com os problemas, e não adiarmos o prazer de viver até que os nossos problemas estejam todos resolvidos.

Não somos todos iguais. Cada pessoa tem as suas necessidades. Cada pessoa quer a suas coisas. Nem todos fazem exatamente como desejamos. Se esperamos que todos façam aquilo que gostaríamos que fizessem, estamos a preparar-nos para a deceção. Temos de aceitar que cada pessoa tem a sua maneira de ser: algumas são boas, outras não tão boas; algumas agradam-nos e outras desagradam-nos. Creio que é muito importante ter alguma abertura mental. Só assim nos tornamos alguém com quem é fácil viver. Se pensamos que tudo e todos deviam ser como queremos e não aceitamos que sejam de outra forma, tornamos a vida muito difícil para os outros e para nós. Se, por outro lado, aceitamos que toda a gente tem a sua maneira de ser, com diferentes capacidades e fraquezas, então, temos mais espaço para respirar. Esta abertura mental não é má. Pode significar aprender a viver com aquilo que acreditamos não ser perfeito, mas que trará melhor entendimento entre nós e os outros, que nos ajudará a estar mais relaxados e em paz, o que é muito importante.

Pergunta: Pode falar-nos um pouco mais sobre o medo e como lidar com ele?

Rinpoche: Como disse anteriormente, encarar o medo é a melhor forma de lidar com ele porque, quando realmente o fazemos, geralmente, não é assim tão terrível. A coisa mais aterradora é o drama, o medo do medo: "Vai ser terrível! Vai ser terrível!" Quando o que receamos realmente acontece, ou quando o enfrentamos, não é tão mau.

Quanto mais fugimos das coisas que tememos, mais medrosos ficamos. Temos de enfrentá-las. Se temos medo do palco, a melhor forma de lidar com isso é enfrentar o público. Se tememos as alturas, começamos por subir a um lugar um pouco mais alto e olhar para baixo. Claro que, da primeira vez que o fizermos, iremos tremer, mas devagar, com calma, habituamo-nos e descobrimos que, afinal, não era assim tão terrível.

A liberdade total do medo advém do perfeito entendimento da nossa verdadeira natureza. No Budismo tentamos investigar e analisar qual é a nossa verdadeira natureza. Esta pesquisa revela que tudo é transitório. Quer gostemos quer não, tudo está em constante mudança. Tudo é interdependente e impermanente. Não existe "algo" em mim, ou onde quer que seja, separado ou permanente. Aquilo que consideramos o nosso Eu, na verdade, é um fenómeno composto, resultante de um número infinito de causas. Quando percebemos em profundidade que não existe um Eu a que possamos ou precisemos de nos agarrar, experimentamos a nossa verdadeira natureza como uma consciência clara, que nada a pode mudar ou ferir. Quando percebemos o modo como deveras somos, surge uma confiança profunda de que nada há que precisemos de temer.

Todavia, até atingirmos esse patamar, é importante termos a coragem de nos permitirmos sentir medo. Não devemos recusá-lo ou fecharmo-nos a ele. Devemos deixá-lo manifestar-se.

O verdadeiro objetivo da meditação não é ter experiências boas e maravilhosas. Se tivermos uma experiência fantástica, tal como ficar extremamente feliz ou ter a visão de um Ser Iluminado, isso é bom. Mas, se perguntarem a um Mestre autêntico, geralmente, ele dirá que não é nem bom nem mau, porque, tal como tudo, é transitório. Se nos sentimos muito bem é muito agradável, porém tal não significa que nos sintamos bem o tempo todo. Talvez amanhã nos sintamos menos bem. Assim sendo, não há nada de especial nestas vivências. Igualmente, se tivermos uma experiência fantástica, corremos o perigo de nos apegarmos a ela, o que levará ao desapontamento, pois, como todas as experiências, ela irá passar. Quando isso acontecer, tentaremos obtê-la de novo e, quando percebermos que não conseguimos, ficaremos ainda mais dececionados.

O verdadeiro objetivo da meditação é sermos capazes de permitir que qualquer espécie de experiência suceda sem sentirmos aversão. Se tivermos uma experiência feliz, alegre e agradável, fruímos dela, porém tratamo-la apenas como uma vivência transitória e não nos apegamos a ela. Da mesma forma, se tivermos uma experiência desagradável – que cause medo, raiva, ou dor – consideramo-la uma experiência transitória: deixamo-la surgir e ir embora.

As experiências são como as estações do ano – chega o inverno e traz consigo neve e gelo; a primavera vem e derrete-os; o verão chega e, com ele, o sol e as folhas verdes; vem o outono, o sol apaga-se e as folhas amarelecem. Então, o inverno volta.

Não podemos impedir a mudança das estações mas, se pensarmos, "O inverno vem aí e isso é muito mau!", sofreremos. Se tivermos muita aversão ao inverno sofreremos durante toda a estação. Mas isso é inútil pois não podemos impedir a chegada do inverno. Se tivermos uma atitude diferente e pensarmos: "O inverno vem aí, por isso vou apreciá-lo!", quando a neve começar a cair, será muito bonito.

Quando conseguimos que as coisas vão e venham sem aversão, então, quaisquer que sejam as experiências, sentimo-nos aptos a vivê-las. Quando reagimos às experiências com muita aversão, sofremos. Não conseguimos fugir do medo: o medo é o desejo de fugir de alguma coisa.

Há uma história de um tibetano chamado "Kee-huja" que, uma noite, passou sozinho num lugar que se dizia estar assombrado por maus espíritos. Como estava muito cansado, resolveu acampar e dormir um pouco. Durante a noite, foi acordado por uma vozinha esganiçada que parecia sussurrar o seu nome: "Kee-huja". A princípio, como não tinha a certeza se não seria imaginação sua, sentou-se e ouviu atentamente. De novo, ouviu a vozinha: "Kee-huja." Então ficou muito assustado: "Isto há-de ser a voz de um espírito mau!"- pensou . Então, viu uns cavaleiros cavalgando, na escuridão, em direção a si. Aterrado, Kee-huja montou o seu cavalo e cavalgou tão rápido quanto possível. Passado um pouco, decidiu parar e tentar ouvir a voz. Lá estava ela, novamente, sussurrando o seu nome: "Kee-huja." Olhou para trás e viu que os cavaleiros, que vinham no seu encalço, estavam ganhando terreno. Desvairado, continuou a cavalgar tão firme e veloz quanto foi capaz. Após algum tempo, parou de novo mas o mesmo aconteceu. Isto continuou assim durante algumas horas, até que, completamente desnorteado, Kee-Huja cavalgou de regresso a casa. Assim que lá chegou, contou a toda a gente como tinha sido perseguido por fantasmas. Quando se acalmou um pouco, decidiu deitar-se. Mal subiu para a cama, ouviu a vozinha de novo: "Kee-huja." Entrou em pânico: "Oh não! O espírito maligno seguiu-me todo o caminho até casa!" Foi então que percebeu que a voz não era voz alguma, era o som da sua respiração pelo nariz.

Pergunta: Rinpoche, disse que os medos se tornam maiores quando fugimos deles mas, por vezes, fugir é bom para a sobrevivência. Afinal, o medo não é necessário para a nossa sobrevivência? Não é uma parte básica do instinto de sobrevivência?

Rinpoche: Para a sobrevivência não precisamos do medo, precisamos da sabedoria. Quando digo que devemos tornar-nos menos medrosos, não estou a dizer que devíamos tornar-nos imprudentes e começar a fazer coisas sem primeiro refletir. Mas, quando o medo é a única força motriz atrás das nossas ações, elas tornam-se quase involuntárias. Sentimo-nos impulsionados a agir de determinada forma, independentemente de ser positivo ou negativo. E nunca nos sentimos à vontade. Tudo o que fazemos é um fardo emocional. Se, ao invés de agirmos com medo, agirmos com base naquilo que produzirá um resultado positivo, então agiremos com alegria.

É evidente que devemos fazer o que é correto e bom, e evitar fazer o que é errado e mau. Se pusermos a mão no fogo, queimar-nos-emos. Como sabemos que é assim e não queremos queimar-nos, não pomos a mão no fogo. Se, com base nos factos, decidimos que não queremos fazer algo porque não é bom nem para nós nem para ninguém, isso não é medo, é sabedoria. Todavia, frequentemente, os nossos medos não se baseiam em factos, mas em mal-entendidos e suposições erradas. Muitas vezes, não ousamos agir porque temos receio e, somente mais tarde, descobrimos que o nosso medo era infundado.

O medo está profundamente arraigado e está na base das nossas reações, não porque precisemos dele, mas porque a sua origem reside na nossa total incompreensão básica, ou ignorância, da natureza da realidade. Por conseguinte, é muito difícil superarmos todos os medos mas, quanto mais os trabalharmos, mais livres e mais alegres seremos.

Isso não nos torna menos preparados para sobreviver, pelo contrário, torna-nos mais aptos. A maioria dos verdadeiros perigos não acontecem por sermos corajosos, mas por entrarmos em pânico. Diz-se que numa situação de perigo, como por exemplo, um incêndio numa casa, a maioria dos acidentes ocorre quando as pessoas entram em pânico. Quando entramos em pânico fazemos coisas que são prejudiciais tanto para nós como para os outros. Se trabalharmos para reduzir o medo, tornar-nos-emos mais fortes, as nossas avaliações serão mais inteligentes e seremos mais capazes de agir conforme as necessidades.

Numa situação de perigo, não devemos ser imprudentes mas, se estamos aterrorizados, ficamos paralisados. Quando fugimos do Tibete, algumas pessoas, quando estavam a ser baleadas, ficavam paralisadas e não conseguiam montar os cavalos. Foi preciso dar-lhes um pontapé no rabo! Aí, foram capazes de se mexer novamente. É verdade! E isto aconteceu muitas vezes.

No Kham, de onde eu venho, havia muitos ladrões e salteadores. A primeira coisa que faziam, antes de decidir se roubavam alguém, era verificar quão fácil era aterrorizar essa pessoa. Se fossem capazes de a amedrontar, então roubavam. Se não a assustassem, decidiam que era demasiado perigoso e deixavam-na em paz.

Havia uma quadrilha de ladrões que vivia na rota comercial de uma área remota de Kham. Um dia viram um homem na estrada, sozinho. Trazia uma espingarda, uma pistola, uma espada e um bom cavalo. Os ladrões saíram do seu esconderijo e avançaram na sua direção: para ver se ele se amedrontava. Quando o homem viu os ladrões, saltou do cavalo, correu para trás de uma rocha e sacou da sua espingarda. Alguns ladrões pensaram que ele deveria ser um indivíduo perigoso e acharam que deviam deixá-lo em paz. Mas, quando notaram que ele também sacou da pistola, perceberam que estava cheio de medo.

Então, perseguiram-no e roubaram-lhe a espingarda, a pistola, a espada e o cavalo.

Numa outra ocasião, este bando de ladrões viu um outro homem a cavalgar pela estrada. Ele não tinha pistola, nem espingarda, nem espada. Os ladrões saíram do seu esconderijo e tentaram assustá-lo. Mas, o homem avançou em direção a eles. Quando se aproximou da quadrilha, um deles perguntou-lhe se tinha rapé. O homem respondeu: "Sim, queres um pouco de rapé?" O ladrão respondeu afirmativamente. O homem puxou da sua caixinha de rapé, segurou na mão do ladrão e pôs-lhe um pouco de rapé na palma da mão. Então, enquanto olhava o ladrão fixamente nos olhos, o homem apertou-lhe a mão até quase o fazer chorar. "Queres mais alguma coisa?" perguntou ao ladrão. Muito educadamente, o ladrão respondeu: "Não, muito obrigado." Então o homem foi-se embora e ninguém o seguiu.

Se estamos com medo, é mais provável que as pessoas nos ataquem. O mesmo é verdade para os animais. Eles são mais propensos a atacar-nos, quando temos medo deles. Uma vez, um domador de cavalos disse-me que a regra de ouro para domar um cavalo é não termos medo. Se não tivermos medo, conseguimos domá-lo, sem problema. No momento em que tivermos medo, o cavalo salta.

Pergunta: Diz-se que a prática da Tara Verde ajuda-nos a libertarmo-nos dos medos. A minha experiência diz-me que sim, mas não percebo como funciona. Pode explicar-me?

Rinpoche: A ideia por detrás disso é que, embora todos os grandes Bodhisattvas tenham feito um voto para alcançar a Iluminação em benefício de todos os seres, eles também dedicaram os seus esforços a aspirações mais específicas. Quando Tara assumiu o compromisso de trabalhar para o benefício de todos os seres, ela fez o voto: "Que todos os meus atos positivos me deem o poder de libertar os seres do medo. Que qualquer pessoa que se lembrar de mim, pensar em mim, disser o meu nome ou rezar por mim seja abençoada com a coragem. E, para o benefício de todos os seres, possa eu sempre renascer numa forma feminina." Vajrasattva dedicou os seus esforços à purificação das ações negativas; Manjushri à revelação da sabedoria. Todos eles fizeram uma dedicação específica.

Como sabem, no Budismo estamos sempre a falar da interdependência. Tara pode ter a energia para nos dar coragem, mas ela não pode fazê-lo sozinha. Se pudesse, já o teria feito. É a interdependência resultante da nossa confiança nela, das nossas orações a ela e da sua energia destemida que nos permite receber sua bênção.

Pergunta: Eu tento praticar, e quando o faço, sinto-me muito feliz. Mas, no meu dia-a-dia, muitas vezes, sou desviado da minha prática e dou comigo envolvido em tarefas mais mundanas. Eu também sofro de preguiça e de esquecimento. O que devo fazer?

Rinpoche: Acho que é importante procurarmos inspiração muitas vezes. É aqui que a Sangha tem um papel valioso. Fazer parte de uma comunidade significa que podemos encontrar apoio e encorajamento quando precisamos. Quando nos sentimentos inspirados por interagirmos com pessoas boas, ouvirmos um bom ensinamento, ou lermos um bom livro, nós praticamos. Não é fácil manter esta sensação de inspiração por nós mesmo, por isso é muito útil ter uma pequena Sangha com quem nos encontrarmos.

Claro que não estamos totalmente inspirados todos os dias mas, se a prática fizer parte da nossa rotina diária, podemos ainda assim trabalhar os nossos hábitos. A prática budista é o trabalho sobre os nossos hábitos por isso, se não o fizermos com regularidade, não obtemos grandes benefícios. Geralmente, devemos manter a nossa prática bastante simples, fazendo apenas uma ou duas coisas. O tempo que concedemos à prática depende dos nossos outros compromissos, mas praticar regularmente é muito importante.

Quando eu preciso de me inspirar, leio as Canções de Milarepa: elas são muito inspiradoras em tibetano. Ler ou ouvir um bom Ensinamento pode realmente ajudar-nos quando nos sentimos desanimados e sem inspiração. No início talvez pensemos: "Já sei tudo isto, já ouvi tudo antes." Mas, se continuarmos a ouvir, de vez em quando, haverá algo que nos fará arrebitar a orelha. Se ouvirmos um ensinamento agora e o ouvirmos, novamente, um ano depois, de alguma forma, ele será diferente. Ouviremos coisas novas e encontraremos uma nova maneira de apreender o ensinamento.

Muito obrigado a todos.

Todo este meu falatório,
Feito em nome do Dharma
Foi posto por escrito fielmente
Pelos meus queridos discípulos de visão pura.

Peço para que pelo menos uma fração da sabedoria
Daqueles Mestres Iluminados
Que incansavelmente me treinaram
Transpareça através desta massa de incoerência.

Possam os esforços sinceros de todos aqueles
Que trabalharam com afinco
Contribuirem para a difusão do verdadeiro sentido
do Dharma
Junto dos que estão inspirados para o conhecer.

Possa isso ajudar a dissipar a escuridão da
ignorância
Nas mentes de todos os seres vivos
E levá-los à total realização
Livre de todos os medos.

Ringu Tulku

*Em memória de Marion Knight
que faleceu antes
deste livro ser impresso.*

Agradecimentos

Gostaríamos de agradecer à equipa original que produziu a primeira edição deste livro: Brigit Habetz, pelo seu trabalho de transcrição; Margaret Ford, pelo apoio e conselhos sobre a edição; Jude Tarrant, pelo design e layout; Andy Powers, pelos seus desenhos; Alison de Ledesma, pela distribuição; e Cait Collins, por todo o esforço realizado pela série Lama Preguiçoso (Lazy Lama).

Para esta segunda edição gostaríamos de agradecer: Paul O'Connor, por este novo layout, design e imagem de capa; Dr. Conrad Harvey e Rebecca O'Connor, pela nova ilustração do logotipo do Lazy Lama; Rachel Moffitt, pela distribuição; Marion Knight e Annie Dibble, pela revisão de provas. No que respeita à edição portuguesa, os nossos agradecimentos a Helena Mello e Rosa Guedes, pela tradução e revisão.

Sobre o autor

Ringu Tulku Rinpoche mestre budista tibetano da Escola Kagyu. Treinou-se em todas as escolas de Budismo Tibetano junto de muitos dos Grandes Mestres inclusive Sua Santidade o 16º Karmapa e Sua Santidade Dilgo Kyentse Rinpoche. Recebeu a sua educação formal no Instituto Namgyal de Tibetologia, no Sikkim e na Universidade de Sânscrito Sampurnananda em Varanasi, na Índia. Escreveu livros escolares tibetanos e foi Professor de Estudos Tibetanos no Sikkim durante 25 anos.

Desde 1990 que viaja e ensina Budismo e meditação na Europa, América, Canada, Austrália e Ásia. Participa em diferentes diálogos inter-religiosos sobre "Budismo e Ciência" e é o autor de vários livros sobre temas Budistas, entre os quais: a coleção Sabedoria do Coração, a coleção Lama Preguiçoso bem como O Caminho da Budeidade, Passos Ousados, A Filosofia Ri-me do Grande Jamgon Kongtrul, A Confusão transforma-se em Sabedoria, O Treino da Mente, Parábolas do Coração e vários livros infantis que estão disponíveis em Tibetano e em línguas europeias.

Ele fundou as seguintes organizações: Bodhicharya - ver www.bodhicharya.org e Rigul Trust - ver www.rigultrust.org

Rigul Trust é uma instituição de caridade do Reino Unido cujos objetivos são a diminuição da pobreza e dificuldades financeiras, a melhoria da educação e da religião, o alívio da doença, a preservação da boa saúde.

O projeto principal é ajudar na saúde e educação em Rigul, Tibet, a terra natal de Ringu Tulku Rinpoche, onde se situa o seu mosteiro.

Para saber mais ou contribuir, visite:

www.rigultrust.org

Rigul Trust

Cottamoor House, Haytor, Newton Abbot, Devon TQ13 9XT, UK

Patrono: Ringu Tulku Rinpoche

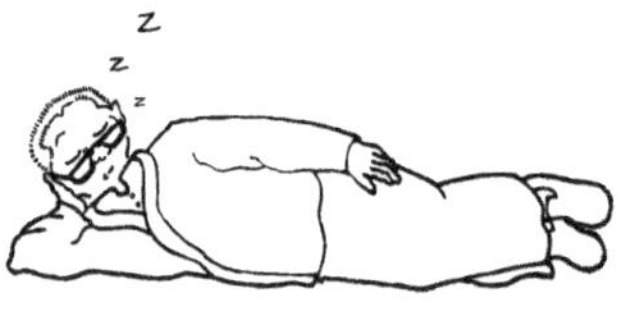

Para a lista dos livros traduzidos em Português, veja a secção dos livros em

www.bodhicharyaportugal.org